AF397864

VUORILLA KUKKIVAT LUMIKUKAT

Runoja

FSC
www.fsc.org
MIX
Paperi vastuul -
lisista lähteistä
Paper from
responsible sources
FSC® C105338

Kustantaja: BoD - Books on Demand, Helsinki, Suomi

Valmistaja: BoD - Books on Demand, Norderstedt, Saksa

ISBN: 978-952-80-7087-0

Mun taide ei oo jäljentämistä vaan luo
kokonaan uutta.Se ei pyri menemään kuol-
leen nahkoihin vaan on oma itsenäinen ta-
pahtuma, joka toteuttaa itse itseään minusta
riippumatta.Tiede ja filosofia ovat liian sup-
peita ilmaistaakseen totuutta koska mieliku-
vitus antaa mahdollisuuden käsitellä
totuutta paljon laajemmin.

Sanojen tehtävä on
jättää sanattomaksi.
Sanoittaminen ja teoksen selittäminen
vie siltä mahdollisuuden
olla se mitä on.

Rakennetaan kivistä
aamu.
Kahvipannullinen logiikkaa.

Heität yhä uudelleen
ja uudelleen.
Sinun mielestäsi
arpakuutio selittää kaiken:
Nollaa ei voi saada kukaan.

Pohjanmaa osa 4

Samalla asialla
on monta nimeä:
Heinälato
heinänkorsi
Suomifilmi
ja rakkaustarina.

Saaristo
Pitkästä aikaa täällä.
Orrella leivät kiviä
joille poika sai
rannassa siivet.
Kaukana poiju kuin kelluva
huutomerkki.

Hanko

Kun veneet ja huvipurret
ovat väsyneitä valaita
ja aurinko puoliksi valmis
Sokea pullonkorkin poikanen
suunnistaa kohti merta
kolikon valossa.

Pohjanmaa osa 3

Laitumella maho lehmä
Pellot syyskuulta
Mykät ladot
Ikkunalasin viimeinen kärpänen
kelluu kahvikupissa.

Rakastan sinua vaikka
olet antanut usealle asialle
lokakuun nimen.
Henkesi haisee viime yön runoilta.
Annan sinun nousta päähän
jotta minulla säilyy syy
tahtoa lisää.

Jaksat minua saippuasarjan verran.
Ehkä vähän pidemmälle
mutta se riippuu mitä
on iltapalaksi.
Hapanta leipää ja viiniä
kaipuun jatkeeksi.

Sunnuntaina
syödään salmiakkia
soitetaan ilmakitaraa
ja lauletaan suihkussa.
Sunnuntaina viedään
isoäiti pyörätuolilla ulkoilemaan
voitetaan tivolissa laatikko
josta suudelma hyppää
kuten vieteriukko.
Sunnuntaina käydään
elokuvissa jossa meidät
kerrotaan.
Sunnuntaina
rautatieasemalla jätetään hyvästit
Sunnuntaina tehdään liian kalliita
ikkunaostoksia suljettujen markettien
betoni-iholla.
Sunnuntaina kadotaan
televisiokanaviin
vanhoihin valokuviin
lastenlapsiin
sairaalan kanttiiniin
Ehkä toisiimme.

Hääparille
Tahdotko sinä..
Tämä ratkaistaan
kolikolla.

Kun vanhemmat
riitelevät
lapset kaivavat
hiekkalaatikolla
syyt esiin.

Hiljaisuutta jonka
puu tuntee
Yksinäisyyttä
jota
tuuli häiritsee
Kaipuuta jota
pimeys yrittää
ratkaista
kuten läheisyyttä.

Asetelma
Pöydällä lasimaljakossa
appelsiinit
rakkaus
omenat
ja vihanpito.
Kaikki pilaantunutta
Pöydällä lasimaljakko
vailla sisältöä.

Riita
Kun kaikki taide
putoaa lattialle
ja särkyy.

Kirkonkellot
mahtuvat
lehmän kaulaan
Kirkot väistyvät
laitumen tieltä
ja navetat
kuseksivat sähkölankaan.

Tyhjästä paperista
voisi pitää esitelmän koulussa.
Sisältö ei ole tiedossa
mutta luomisen tuskan siitä
erottaa helposti.

Olen lukenut paljon
löytämättä mitään.
Etsinyt itseäni suurempaa tietoa.
Pidän siitä miten tuoli on
kirja sen päällä
ja miten valo on.
Kahvin ja painomusteen liitto.

Päälause
kivet
jonossa
päällekkäin
sanoilla tarpeeksi painoa
upota
silmään
kahviin.
Kivi on ikkunaan
mahtuva maaseutu.
Mikään yksinoloista ei
sille riitä.
Sitä katsellessa
tulee kaikkea ikävä.
Ja jos ajatellaan sen korkeutta;
Sinä pääsit
Minä en.

Sanan minä hautaan maahan
Painoksi laitan Harry Salmenniemen
Texasin, sakset.

Miesmyytti
Sinunkaupat päättyvät
kiroiluun kuseen ja katumukseen
Enempään ei ajatuksista ole.

Vanhuus
Työnnän rollaattorin
ikkunan ääreen
jotta voit katsella sadetta.
Enkä minä keksi
sinulle muuta tarkoitusta.

Surevalle
Heitä sanat takkaan.
Puhalla kynttilä
sammuksiin ja
anna sen itkeä hiljaa.

Hiljaisuus:
Jopa esineet
pitävät mykkäkoulua.

Rakkaus
Siihen sotaan tahdomme
värväytyä yhä uudelleen.
Ratkoa rakkauden
anagrammit.

Nykyään ymmärrän
paremmin kaloja
niiden hiljaista
osaa
merta johon
on upotettu
niin paljon.

Järvi
Puu
Kumottu vene hietikolla.
Siitä tämä hiljaisuus.

Sateisena päivänä.
Sinusta ei ole muuhun
kuin olemaan rakastettu.
Kirjoitan sinusta lisää.
Sinuun lisää.
Lisään sinuun.

Rakkautta on
hammassärky ilta
uutisten jälkeen
Rakkautta on
seistä kylpytakissa munasillaan
paistettu kananmuna ja pekoni
tyhjä wc paperirulla
jäähtynyt kiuas
Skoda joka ei starttaa
lumesta auraamattomat kadut
liian pitkä kassajono
kahvi rautatieasemalla
pummattu kalja räkälässä
kylmä Saarioisten jauhelihapitsa
jumiin jäänyt hissi
pesemättömät kalsarit
salapierut sängyssä
myöhästyä junasta
nukkua pommiin töistä
tekstiviesti täynnä kirjoitusvirheitä
karannut vappupallo
kurahaalarit syyskuussa
puhjennut autonrengas
matkallaan eksynyt lentosuukko
nukkavieru sohva
rikkinäiset mittarit
väärät laskelmat ja arviot
Rakkautta on mitaton mitta
tunne jolle ei ole nimeä.

Rakkautta on tietyömaa
vapaapäivänä
klo 7 aamulla.
Lehtipuhallin
kun olen puhelimessa.
Synnyttämään menneen
pariskunnan auto sakkopaikalla.
Oven kynnykseen lyöty iso-varvas
sormeen osunut vasara.
Rakkautta on perkelehuuto rakennuksilla
Saatanan huora kapakan savussa
Rakkautta on kansikuva juorulehdessä
Viimeinen sätkä
Valomerkki
narikassa annettu puhelinnumerolappu.
Rakkautta on kodinkoneita ja syöttötuoli
Rakkautta on coitusta ennen ja jälkeen
Rakkautta on vessajono
Rakkautta on puheet wc pöntöltä ovi auki
Rakkautta on kahdenkympin laina
Rakkautta on humala
krapula
tyhjät pullot
ojasta työnnetty Datsun.
Rakkautta on siskonpeti
Mökkitie
ensimmäinen lintupönttö
Rusettisolmu
Aapinen
Aamupuuro.

Rakkaus on
ovikello kesken yhdyntää
Silkkitakkiin pukeutunut
mies joka antaa
Herätkää lehden.
Jeesus kolmantena pyöränä
satiinilakanoilla.

Rakkaus on
kärsinyt viulu
Mutta lapsihan
vasta harjoittelee
näkymättömästä
partituurista
Taustalla Vivaldi
Kuuletko
Minä kuulen
Nämä ovat
sinun korvasi.

Rakkaus on
askeleet
rappukäytävässä
alakerran ulos
kannettu piano
suihkun alta
kävelevä kissa.
Laitan kädet ympärillesi
Katson samaa hillopurkkia
jääkaapissa.
Tahdon nähdä kuten
sinä näkisit jos
olisit minä.

Katsot
ikkunasta:
Lintulaudalla tungos.
Niskakuoppasi
kerjää suudelmaa.

Kuiskin korvaasi
Rakkaus on Jasminteetä
valkeaa kaula-aukoa
ehkä Tsaikovski.
Valo törmää
ikkunaan ja taitaa niskansa.
Äkkiä hetki on joku toinen.

Kun pisara
putoaa kivelle
se ei aina muista särkyä
Ja miten lehmää talutetaan
talven jälkeen laitumelle;
Sen olemus
valosta raskas.

TARKOITUKSIA

Painaa pelto korvaan
kokonainen sato mieleen
Pimeässä erottuvat silmät
kuuluivat traktorille.

POHJANMAA 3

Kaappikello katkaisee
ajatukset
On pitänyt jo monta päivää
ja vaikka ja mitä
mutta niin kuin pappikin tiesi kertoa
että vasta kolmantena päivänä
pääsi jalkeille itte vapahtajakin
Ristus notta!

POHJANMAA 2
Pirttipenkin päässä
isäntä miettii
aikamiespoikaansa:
miten hänen
traktorissaankin
on enemmän vetovoimaa.

POHJANMAA
Koivukujat
hylätyt Datsunit kukkivat ojanpientareissa
vinoon lyöty kuu roikkuu
autioiden peltojen yllä.

Kun harakka lopulta
pyrähti lentoon
se vei mukanaan
kokonaisen metsän.

VAASA

Miten Telkkäperhe
ui kohti sukupuuttoa.

HELSINKI

Joka toinen lapsi
särkyy
Hernesaaressa puliukot
kokoavat purjeveneitä liimalla
Rappukäytävässä 3 B
yliannostus
Sireenit jatkavat
(Kallion kansallishymni)
Flemaria iltaan asti.
Kallio menee karaokesta kesken.

HAVANNA

Haaveet ovat täältä
kotoisin
loputon rytmi
Ja kun yrittää nukkua
laskee vain ontuvia lampaita.

WIEN

Leonard Cohen
Täälläkö saat valssisi
kun palasit hengettömästä
luostaristasi
Onko humanistien syytä
että todellisuus on niin tylsää?
Entäpä ne kauniit runot
Kesken laulun iskee hikka
Juo vettä
pidätä 10 sekuntia hengitystä
Ei auta.

ROOMA

Sudet symboloivat laumaa
Vanhat maalaukset
kun kirkkoa korjataan
Porakone
askeleita
puheet eri kielillä.
Virsitaulujen numeroita
vaihdetaan.
Saisi vaikutelman siitä
että täällä uskotaan
Jumalaan.

PARIISI

Olen nähnyt vilahduksen
loputtomasta kaipuusta
kaihosta joka saa
meidät alati lähtemään
kusemaan haudoille.
Äidinkielessäni olen kotimaassa.
Pariisi Rooma Wien;
Aiii rakkaus, sinä katosit
etkä palaa.
Metrotunnelissa kerjätään unta.

MADRID

Hotellin aamupala.
Leipä täyttyy huolista.
Se on seitsemään
osaan murrettu
sinun edestäsi
annettu.
Tuleva säädettiin
tämän kaupungin
lopussa
Franco adoptoidaan uudelleen
te amo.

RIO DE JANEIRO

Kulkukoirat kuolleen
nuorukaisen ympärillä.
Favellassa keski-ikä
jää kymmeneen vuoteen.
Minulle tuodaan tapiokaa
ontossa sydämessä.
Unelmat elävät
lipas kerrallaan.
Tässä kaupungissa ei
Kainin suku jatku.

ANDALUCIA
FEDERICO GARCIA LORCA

Yö on kynässä.
Näissä säkeissä kitara.
Kaipuu lankeaa ylleni
varjosi avoimista silmistä.
Appelsiinipuita
kannattelevat vain huokaukset.

KOTI

Kodin äänet
Vesi valuu
Jääkaapin hurina.
Katson ikkunasta ulos;
Meissä jokin hiljaisempi
syvempi.

Jalkapohjien alla
kostea ruohikko
Horisontissa hajaantuu
pilvien esirippu
antaa auringon nousta.

Tuuli

Kirsikkapuiden kuiske

Vaaleanpunaiset

putoilevat kukat

koristelevat kiviaidan.

Hiekkaranta palmuineen
yksinäinen riippumatto.
Kalastaja-alus katoaa
laskevaan oranssiin.
Kaipuu jota muuten
ei olisi olemassa.

Kävelen pitkin hiekkarantaa
autojen ja skoottereiden humina;
Yksinään ei olla kuten ennen.

"Ihmismieli kehitti atomipommin, mutta hiiri
ei koskaan kehittelisi hiirenloukkua."

-Einstein.

Ajatukset
Puiden silmut.
Kukillaan tavoittaisi sinut.

Sadepisaroiden hellä pianissimo
ikkunalaudalla
käy soittorasiasta;
Siihen nukahtaa.

Kevät
Valo ropisee räystäiltä
Kumisaappaiden hento rahina.
Miten tasaisin väliajoin
pysähtyvät kuuntelemaan
tuntemattomia lintuja.